AF554799

LIBERTÉ — ÉGALITÉ — FRATERNITÉ

GRAND ORIENT DE FRANCE

Suprême Conseil pour la France et les possessions françaises

Assemblée générale de 1892

ÉLOGE FUNÈBRE

DE MAÇONS ÉMINENTS

Décédés depuis le Convent de 1891

PRONONCÉ LE 13 SEPTEMBRE 1892

Par le F∴ Henri THULIÉ, 33e,

Docteur en médecine
Ancien Président du Conseil municipal de Paris
Président du Conseil de l'Ordre
Membre du Grand Collège des Rites

PARIS
SECRÉTARIAT GÉNÉRAL DU GRAND ORIENT DE FRANCE
16, rue Cadet, 16

1892

LIBERTÉ — ÉGALITÉ — FRATERNITÉ

GRAND ORIENT DE FRANCE

Suprême Conseil pour la France et les possessions françaises

Assemblée générale de 1892

ÉLOGE FUNÈBRE

DE MAÇONS ÉMINENTS

Décédés depuis le Convent de 1891

PRONONCÉS LE 13 SEPTEMBRE 1892

Par le F∴ Henri THULIÉ, 33e,

Docteur en médecine

Ancien Président du Conseil municipal de Paris

Président du Conseil de l'Ordre

Membre du Grand Collège des Rites

PARIS

SECRÉTARIAT GÉNÉRAL DU GRAND ORIENT DE FRANCE

16, rue Cadet, 16

1892

ÉLOGE FUNÈBRE

DE

MAÇONS ÉMINENTS

Décédés depuis le Convent de 1891

MM.·. FF.·.,

Depuis le Convent de 1891, la Fédération du G.·. O.·. de France a subi des pertes cruelles. Des vides difficiles à combler se sont ouverts dans ses rangs au moment même où la Maçonnerie a le plus besoin, malgré les apparences, de vigilance, d'activité et d'énergie. Les enfants de la veuve doivent redoubler d'efforts pour remplacer les précieuses forces perdues, car l'irréconciliable ennemi de tout progrès est toujours sous les armes et a pris des positions d'autant plus dangereuses qu'elles sont plus habilement dissimulées.

Après avoir combattu avec fracas la République pendant plus de vingt ans; après avoir poursuivi sa destruction par les moyens les plus déloyaux et les plus violents; après avoir, pour tuer plus sûrement la gueuse, combattu sous tous les drapeaux, sous celui de Henri V, sous celui de Philippe VII, sous celui des Bonaparte; après avoir cherché, enfin, à rallier tous les partis vaincus derrière le cheval noir d'un aventurier, voilà que tout à coup l'Église ouvre ses bras à la République, chante la *Marseillaise*, et se proclame socialiste.

Déjà, en 1848, on nous avait dit du haut de la chaire que

Jésus-Christ était le premier des sans-culottes, déjà on avait béni les arbres de la liberté, et chanté, comme aujourd'hui, la *Marseillaise*, dans le but d'endormir la méfiance des républicains et de pénétrer dans la maison. Mais, dès qu'ils en eurent forcé la porte, le beau rêve cessa; il ne fut plus question du divin sans-culotte, la *Marseillaise* devint un chant séditieux, et les républicains catholiques commencèrent en 1849 par la destruction de la République romaine, et continuèrent, en 1852, par l'écrasement de la République française.

Depuis 1870, moins avisés, les cléricaux avaient lutté à visage découvert croyant que la France vaincue, ruinée et mutilée était une proie facile; n'ayant pu la terrasser et s'emparer d'elle par la force, ils cherchent à la surprendre par la séduction ou plutôt par la trahison.

Si Léon XIII avait eu pour conseiller un Machiavel ou un prudent Ulysse, il n'aurait certes pas attendu 1892 pour proclamer la République catholique et le socialisme chrétien; depuis longtemps il aurait cherché à introduire dans notre France démocratique, ce cheval de Troie portant la trahison dans ses flancs bénis. Aujourd'hui, c'est trop tard, et cette adhésion si rapide et si bruyante des cléricaux au gouvernement qu'ils voulaient tuer hier, ces comtes, ces marquis, ces prêtres devenus tout à coup les défenseurs du socialisme, de l'anarchisme, du collectivisme, tout cela ne dit rien qui vaille aux hommes qui réfléchissent et pensent avec méthode; ils se demandent pourquoi les catholiques n'ont pas appliqué ces théories, si elles sont réellement les leurs, pendant qu'ils dominaient le monde, c'est-à-dire pendant près de quinze siècles.

Pas un Maçon ne s'y est trompé, pas un n'a pu être surpris par cette supercherie énorme. Malheureusement il n'en est pas de même pour tous les citoyens, dont quelques-uns, par lassitude et par paresse, ont l'air de croire à la sincérité de ces déclarations; dont beaucoup d'autres, ignorants et naïfs, sont trompés par ce faux socialisme qui s'adresse aux appétits les plus bas, socialisme plus encore jésuitique que chrétien.

La Maçonnerie a le devoir de déjouer ce complot, de dénoncer ces embûches et d'écarter ces traîtres de nos assemblées politiques et de notre gouvernement. Cela ne sera pas facile, soyez-en certains, et demandera tous nos soins et toute notre vigilance.

Mais ce devoir prochain accompli, la Maçonnerie n'aura pas terminé son rôle. Tant qu'il y aura une erreur à supprimer, un progrès à accomplir, elle devra rester sur la brêche; et dans ces conditions on peut affirmer qu'elle y restera toujours.

Parmi les FF.·. qui ont disparu cette année, quelques-uns ont marqué par une vie de dévouement et de propagande maçonnique que nous devons rappeler en quelques mots, et donner en exemple, car c'est ce dévouement et cette propagande qui pourront sauver la République des termites destructeurs qui s'efforcent de pénétrer en elle.

MOTARD

Le très regretté F.·. Motard n'a pas trouvé sa place dans le discours nécrologique du Convent de 1891, les renseignements nécessaires n'étant pas parvenus au Conseil de l'Ordre. Sa constance républicaine, les sacrifices et les efforts qu'il a faits pour la défense de la liberté, sa longue carrière maçonnique, son long vénéralat devant donner au F.·. Motard une des premières places dans nos souvenirs.

Il était né à Angoulême le 11 avril 1820. Initié en 1845, à la R.·. L.·. *la Cosmopolite*, O.·. de Paris, et affilié à la R.·. L.·. *les Amis Triomphants*, du même O.·., le 15 novembre 1853. Il est mort le 20 avril 1891.

Le F.·. Motard a été Maçon actif pendant quarante-cinq

ans; durant une période de vingt-trois ans, la L.·. *les Amis triomphants* n'a cessé de lui confier le maillet de Vénérable. Pour reconnaître son dévouement et sa remarquable fidélité maçonnique, le Convent de 1882 lui décerna, sur le rapport du regretté F.·. Dalsace, la médaille d'honneur.

C'est une vie maçonnique bien remplie, comme vous le voyez, mes FF.·.; sa vie profane ne l'a pas été moins.

Motard était ouvrier typographe. Comme le plus grand nombre de ces ouvriers, il sut, en prenant sur son repos, acquérir les connaissances qui manquaient à son intelligence ouverte, il fut son propre maître.

Entièrement dévoué aux idées républicaines, il se jeta dans tous les mouvements politiques, il se mêla à toutes les luttes pour la liberté, il défendit la République par la parole, par la plume, par les armes.

C'était d'ailleurs la tradition de la L.·. *les Amis triomphants*, à laquelle il avait l'honneur d'appartenir. Voici un extrait de la lettre que son V.·. actuel, l'honorable F.·. de Vidau, m'adressa au sujet de l'ancien Vén.·. qu'elle pleure :

« ... Les livres d'architecture qui sont à nos archives, écrit-il, relatent que déjà, aux journées de juillet 1830, les FF.·. de la L.·. ouvrière avaient fait leur devoir... est-il besoin de dire lequel ?

« A la reprise des travaux on procéda tristement, et pour cause, à l'appel nominal, car les travaux furent clos par une batterie en l'honneur des FF.·. de la L.·. qui avaient eu la gloire de mourir pour le droit et la justice du peuple !

« Plus tard, en février 1848 et en décembre 1852, la L.·., fidèle à ses traditions, prit part à tous les mouvements politiques. »

En honorant la mémoire du F.·. Motard, nous devons honorer aussi la L.·. qui compte un pareil passé.

Devenu vieux, Motard resta aussi vaillant qu'aux jours de sa jeunesse et de son âge mûr. Paralysé de la main droite, obligé de renoncer à son métier de typographe, il fonda un petit établissement de teinturier. Sa brave et courageuse femme, qui tenait la boutique, mourut bientôt à la peine, et l'établissement s'effondra.

Je cite encore la lettre du F.·. de Vidau : « la vieillesse et son cortège de misères, allaient-ils terrasser ce vaillant?..... J'eus peur et je m'adressai au F.·. Desmons, alors président du Conseil de l'Ordre. Grâce à lui nous obtînmes, pour le F.·. Motard, un refuge assuré pour ses vieux jours, un lit dans un hospice de vieillards.

« — Non, pas encore, me dit Motard; mes doigts, après soixante ans de travail, ont fléchi, mais il me reste encore quelque chose de valide. Ce quelque chose c'était l'érudition qu'il avait puisée dans le métier du livre; l'érudition au service d'une énergie incomparable! Au lieu d'aller se reposer dans un lit d'hospice, ce vieillard infirme osa se présenter au concours pour l'emploi de professeur à l'École Estienne, et il fut admis à faire son cours. Oh! un seul par semaine qu'on lui payait *dix* francs. — J'espère plus tard en faire trois par semaine, disait-il, pour le moment un seul me suffit pour vivre! »

Ne peut-on pas, MM.·. FF.·., appeler cela de l'héroïsme civique.

Il est nécessaire de faire le tableau de ces vies modestes dont l'unique ambition est de bien faire, dont toute la gloire consiste dans l'estime des gens de bien, dont la plus grande récompense est le triomphe de la République et de la libre-pensée. Une victoire morale efface pour eux le souvenir de toutes les privations, de toutes les misères supportées. Honneur à la mémoire de ces courageux citoyens, honneur à la mémoire de ces parfaits maçons!

COURDAVAUX

Né à Paris en 1821, Pierre-Victor Courdavaux fit des études brillantes au collège Louis-le-Grand et entra à l'École normale supérieure en 1838. Nommé professeur à sa sortie, il enseigna successivement la philosophie et la réthorique dans différents collèges et lycées, notamment à Boulogne-sur-Mer, Toulon, Troyes, Mâcon. Reçu docteur en 1865, il fut nommé professeur de littérature étrangère à la faculté des lettres de Besançon, puis professeur de littérature ancienne à la faculté de Douai, qu'il suivit à Lille quand les facultés y furent transférées, et où il termina sa carrière universitaire.

Chevalier de la Légion d'Honneur et officier de l'Instruction publique, il prit sa retraite en 1892 et fut nommé professeur honoraire à la Faculté des lettres de Lille. Le 5 décembre de la même année il rendait le dernier soupir après trois jours de maladie.

Ce qui, en dehors de cette belle carrière universitaire, nous rend la perte du F.·. Courdavaux particulièrement douloureuse, c'est son caractère élevé, son amour de la vérité, et les efforts qu'il n'a cessé de faire pour la répandre.

En dehors de ses devoirs professionnels, il avait consacré ses loisirs à des études de critique religieuse. Le F.·. Bertrand, qui dans une lettre remarquable nous fournit ces renseignements, raconte que *la Vie de Jésus*, par Renan, avait excité l'admiration de notre regretté F.·. qui s'était donné la tâche de chercher, lui aussi, la vérité au milieu des divergences et des contradictions des livres évangéliques. C'était d'abord une curiosité personnelle qui l'avait entraîné, le désir de résoudre le problème qui doit le plus intéresser l'homme. Voici comment et pourquoi il se décida à publier les résultats de ses travaux et à se livrer à la propagande anticléricale : « Si l'intérêt de la question était demeuré individuel, dit-il dans la préface de son livre : *les Evangiles et l'Histoire*, jamais probablement l'idée ne me fut venue de livrer au public le résultat de mes recherches. D'individuelle, malheureusement, la question aujourd'hui est devenue sociale. Le clergé qui n'a jamais su pardonner au pays le grand affranchissement de 1789, marche plus ouvertement que jamais à une contre-révolution, dont les droits de la religion sont le prétexte, comme sa vérité en serait la seule excuse. Dans cette situation, j'ai cru qu'il était du devoir de quiconque appartient à la cause libérale, de mettre au service de son parti les armes qu'il peut avoir en mains ; et voilà pourquoi j'ai écrit et je publie ce livre. »

Le F∴ Courdavaux comprit enfin que le livre ne suffit pas à la propagation des idées, et qu'il faut les répandre par la parole. Aucun milieu n'était mieux disposé que le nôtre pour l'aider à proclamer la vérité ; il se fit initier le 19 juillet 1878 à la L∴ *la Clémente Amitié*, O∴ de Paris, et parcourut successivement tous les degrés de la Maçonnerie jusqu'au grade de 33e. Sincère, dévoué à l'étude, détestant l'hypocrisie et le mensonge, Courdavaux fit un parfait Maçon. Il fut aidé dans son active propagande par tous ceux qui l'ont connu et qui ont pu apprécier la hauteur de son intelligence et la profondeur de son savoir.

Toutefois ce n'est qu'après de longs travaux qu'il avait pu se débarrasser de la croyance catholique, adoptée d'abord par lui, comme par tant d'autres, parce qu'il avait naïvement suivi l'opinion générale et cru aux affirmations des croyants sans vérifier les textes, ou en jetant à peine sur les livres sacrés, des yeux prévenus et dominés par la fois inculquée dès l'enfance. Aussi voit-on dans la liste de ses œuvres un opuscule portant le titre suivant : *Petite histoire de la philosophie grecque éclairée par le christianisme*. Il était alors à Troyes, en relation avec l'évêque Cœur, prélat libéral, dernier gallican, persécuté par ses pairs et même par ses vicaires généraux. Cette âme résignée, cet homme simple et candide, ne pouvait que maintenir dans sa foi d'enfant le sensible Courdaveaux que séduisait d'ailleurs cette poésie vague du mysticisme vertueux. Mais le livre de Renan parut, et le jeune philosophe resta émerveillé ; il se jeta lui aussi dans l'analyse de la littérature chrétienne, et sa foi disparut.

Cela me rappelle une aventure bien remarquable arrivée à un pasteur anglais, aventure qui fit un certain bruit il y a quelque trente ans.

Ce pasteur était parti après Livingstone pour catéchiser les populations sauvages de l'Afrique du Sud. Les noirs naïfs lui firent, à certains moments de sa prédication des remarques et des objections empreintes d'un tel bon sens qu'il ne put les résoudre. Cela se répéta souvent, et il se mit à lire, dans un esprit critique, les livres qu'il n'avait étudiés jusque-là qu'avec les yeux de la foi ; le convertisseur revint en Angleterre converti par les nègres, publia un livre de controverse anti-biblique, qui le fit prendre en exécration par la dévote Angleterre.

L'esprit droit de Courdavaux ne pouvait résister à la lecture de ces pages absurdes que tout le monde admire sur parole, parce que personne ne les lit. Il commença alors sa campagne anticléricale dont la maç.·. française et la maç.·. belge lui ont facilité l'accomplissement, non seulement en fournissant un public à l'orateur, mais encore en l'aidant à publier un de ses livres les plus importants, ayant pour titre : *Comment se sont formés les dogmes.*

Son œuvre se compose d'environ une douzaine de volumes d'histoire, de philosophie, de critique religieuse, parmi lesquels je dois signaler : *Les Évangiles et l'Histoire; Sur quoi reposent les prétentions politiques de l'Église; Étude sur saint Paul.*

Le F.·. Courdavaux laisse en outre, terminé, un ouvrage destiné à faire suite au livre intitulé : *Comment se sont formés les dogmes.*

Ce vaillant maçon est mort en libre penseur; ses obsèques ont été civiles.

CHARPENTIER

Le 24 avril 1892, la Maçonnerie tourangelle, accompagnée d'un grand concours de population, accompagnait à sa dernière demeure un Maçon parfait, un républicain dévoué, et, de l'avis unanime, un homme de bien. C'était le F.·. Charpentier, le plus ancien et le plus zélé des Francs-Maçons du G.·. O.·. de France; il comptait cinquante-quatre années ininterrompue d'activité maçonnique.

Charpentier avait reçu la lumière le 9 février 1837, époque à laquelle la L.·. *les Démophiles*, O.·. de Tours, portait le nom : *les Enfants de la Loire.*

Jamais à aucun moment Charpentier n'a eu de défaillance, jamais, à moins qu'il ne fut en voyage, il n'a manqué une tenue; dix-huit fois il fut élu vénérable, et c'est sur sa prière instante que le F.·. Chevallier, le distingué Vén.·. actuel de la R.·. L.·. *les Démophiles,* a accepté de remplacer ce parfait Maçon et de tenir le premier maillet.

Le F.·. Charpentier était en outre membre honoraire de la R.·. L.·. *les Enfants de Rabelais,* O.·. de Chinon, membre actif du Chap.·. et du Cons.·. *Paix et Union,* Vall.·. de Nantes.

Ses mérites de maçon furent appréciés dès les premières années de son initiation; en 1840, la L.·. lui décerna une médaille d'argent. On ne doit pas être surpris qu'à sa cinquantaine, elle lui offrit, dans une cérémonie maçonnique, un superbe groupe de bronze. Enfin, le Convent de 1880 l'honora de la médaille d'or du G.·. O.·. de France.

Fidèle à tous les devoirs qu'implique la Maçonnerie, il se donna à toutes les œuvres consacrées à l'assistance publique, à l'enseignement populaire, au relèvement de la patrie, combattit vaillamment pour la République et la libre-pensée.

Aussi modeste que généreux, on ne connut quelques-uns de ses actes de bienfaisance que lorsqu'il fut impossible de l'en remercier. Pendant deux ans, grâce à la générosité d'un bienfaiteur anonyme, la ville de Tours avait pu réunir la jeunesse des écoles dans une délicieuse fête. Cet anonyme ayant tenu à perpétuer son œuvre, son nom fut dévoilé à sa mort : c'était le F.·. Charpentier.

Sous une douceur inaltérable. il cachait une énergie inflexible qui lui permit de supporter stoïquement les cruelles souffrances qui, pendant plusieurs semaines, précédèrent sa mort. Sa fermeté calme lui donnait toute autorité pour relever les courages de ceux qui se laissaient abattre par les haines et les persécutions qui, chose étrange, poursuivent encore les Maçons à l'heure actuelle.

Si la vie maç.·. du F.·. Charpentier a été admirable, sa vie politique a été bien remplie. Aux élections du 23 juillet 1865 il fit partie de l'avant-garde qui marqua la première étape républicaine dans le Conseil municipal de Tours. Depuis cette époque, il n'a cessé d'occuper un siège dans l'assemblée communale de la cité.

En 1881, il fut choisi comme premier adjoint; en 1882 il remplaça le regretté Armand Rivière comme maire de la ville, fonction qu'il conserva jusqu'en 1884. Il était, en outre, membre du tribunal de commerce, président de la délégation cantonale, président ou membre de nombreuses sociétés.

Pour résumer cette vie exemplaire, on peut dire : il fut dans la grande famille un maçon parfait, dans la vie publique un républicain de la veille et un administrateur intègre, et dans la vie de famille un époux et un père irréprochable, le modèle de toutes les vertus.

Sous son effigie doit être inscrite cette phrase prononcée sur sa tombe : « Il avait un cœur d'or, il passa en faisant le bien. »

BONNOT

Le 5 mai dernier, la ville de Laon était en deuil. De vastes tentures noires couvraient la façade de la Maison commune. Sur le perron et sous un dais funèbre était exposé un cercueil sur lequel on voyait, attaché à une médaille d'or, un cordon jaune bordé de vert. Le monde affluait ; tous les corps constitués, les administrations, les services publics, la magistrature, l'armée étaient représentés devant le catafalque. Une foule considérable encombrait les abords de la Maison de ville.

Ce cercueil chargé de couronnes était celui d'un franc-maçon ; ce ruban jaune liséré de vert, officiellement exposé aux yeux de la foule, soutenait la médaille d'or du G.·. O.·. de France ; c'était les obsèques civiles du Vén.·. de la R.·. L.·. *le Mont-Laonnois*, c'était l'enterrement du F.·. Bonnot, maire de Laon.

A ces obsèques civiles où, parmi les corps constitués, se trouvaient de nombreux réactionnaires, pas un écart n'a été constaté ; tout le monde est respectueusement resté jusqu'à la fin de la cérémonie, et les nombreux discours maçonniques ont été écoutés avec déférence et respect. Cela pourtant a dû être un effort bien pénible pour beaucoup d'ennemis de la République et de cléricaux présents ; mais cela a été.

C'est là une leçon. Il faut s'affirmer pour être respecté. Il ne faut craindre ni les sourires, ni les sarcasmes, ni les colères ; il faut se montrer et faire tête. Nous sommes assez nombreux et assez forts pour être craints ; il faut nous imposer.

Bonnot était né dans le Doubs, à Pont-de-Roide, en 1819. D'une modeste et humble famille, il s'est élevé à la haute situation commerciale qu'il occupait par son intelligence et par un travail opiniâtre. Établi d'abord à Château-Thierry, il ne vint à Laon qu'en 1859.

Bonnot avait été initié en 1847 à la R.·. L.·. *les Cœurs fidèles*, O.·. de Meaux; il ne fut reçu compagnon et maître qu'en 1867, mais à partir de cette date, sa vie maçonnique devint on ne peut plus active. Affilié à la R.·. L.·. *le Mont Laonnois*, le 19 février 1868, il contribua à fonder les LL.·. de Charleville et de Soissons. Pendant seize années consécutives les FF.·. de son R.·. A.·. lui confièrent la direction de leurs travaux.

Dans la vie profane il remplit largement son devoir de patriote et de bon républicain. Sous l'Empire il lutta avec énergie pour la délivrance du peuple, et cela au détriment de ses intérêts, et de sa liberté menacée. Élu membre du conseil municipal de Laon en 1870 au milieu des désastres sans nom qui écrasaient la patrie, et tout particulièrement sa ville d'adoption, il n'a cessé depuis lors de faire partie de l'assemblée communale. Élu maire, en 1887, il administra la ville jusqu'à sa mort. Administrateur habile et prudent, il plaça les finances de la ville de Laon dans une situation excellente, malgré les sacrifices faits pour l'enseignement; la grande préoccupation de Bonnot était la propagation de l'instruction parmi les ouvriers.

Quoiqu'il fut un apôtre ardent des doctrines de la Maçonnerie et de la libre pensée, il avait forcé l'estime de ses adversaires politiques eux-mêmes, tant étaient grandes et évidentes la droiture de ses sentiments et la sincérité de ses convictions. Il n'a rien sacrifié de son idéal pour obtenir ce résultat, et a toujours mis en pratique le principe : agir comme tu penses. Ses obsèques civiles en ont été une démonstration éclatante.

Quand au mois de mars j'allai visiter la L.·. de Laon, je me rendis chez le vénérable Bonnot, déjà immobilisé sur le lit qu'il ne devait plus quitter. Ses yeux brillaient d'un éclat étrange dans son visage déjà ravagé par l'inexorable maladie. L'expression d'un sentiment dominait dans cette face meurtrie : la bonté. Aussi, n'ai-je pas été surpris de trouver au milieu des discours prononcés sur sa tombe, ce mot de l'un des ouvriers de sa tannerie, parlant au nom de tous les autres : « Bonnot n'était pas un patron pour nous, c'était un camarade. » Plus que tout autre éloge, cette phrase eût été au cœur de ce parfait maçon, altéré de fraternité.

PÉCHINÉ

Péchiné était plein de vie et de santé et n'avait pas quarante ans quand une mort prématurée l'a enlevé à l'amour des siens et à l'espérance des républicains. Son existence trop courte a laissé une empreinte profonde dans le pays où il vivait; chacun se rappelle ce républicain ardent, ce maçon zélé, d'un caractère ouvert et loyal, d'une bonne humeur inaltérable qui forçait l'estime et quelquefois l'amitié de ses adversaires.

Sa vie avait été un long effort. Fils de cultivateurs sans fortune, il n'avait pu recevoir que l'instruction primaire; à force de travail et de persévérance, il put acquérir ce qui lui manquait pour être à la hauteur du rôle auquel l'appelait ses aspirations.

Il était brasseur à Vesaignes, où il était né en 1854; son activité, son entente des affaires, n'avaient pas tardé à lui procurer une situation très honorable. Elu membre du Conseil municipal de sa commune, il fut bientôt choisi par ses collègues pour être maire. Le poste de conseiller général du canton de Nogent étant devenu vacant, les républicains radicaux posèrent sa candidature, qui triompha malgré la coalition monarchique et cléricale.

Je ne puis m'empêcher de citer quelques mots du discours prononcé sur sa tombe pár l'ancien député Dutailly, le savant botaniste connu, qui peignent bien le caractère de Péchiné :

« Il était bon de cette bonté réelle et sans apprêt qui lui gagnait les cœurs.

« Il était utile aux petits dont il servait avec désintéressement les intérêts et les droits.

« Par-dessus tout il était loyal. La loyauté était la caractéristique de cet homme devant qui s'inclinaient ses adversaires eux-mêmes.

« Et puis, pourquoi ne pas le dire, il était heureux, et il l'était parce que le bonheur tient avant tout au sentiment du devoir accompli et que notre ami se savait, à n'en jamais douter, sur le droit chemin de la vérité et de la justice. »

Le tableau de sa manière d'être, fait par un journal de ses amis, complètera ce portrait moral : « Il avait le verbe haut, le geste parfois tumultueux, et ses grands bras se dressaient comme pour étouffer l'adversaire.

« Au demeurant le meilleur cœur du monde, n'ayant ni haines ni rancunes politiques, et se faisant un plaisir d'obliger ceux-là mêmes qui l'avaient combattu autrefois. »

Cela ne rappelle-t-il pas de loin la puissante figure du grand et loyal Danton.

Initié le 21 octobre 1883 à la R.·. L.·. *l'Étoile* de la Haute-Marne, maître le 7 septembre 1884, Péchiné fut élu vén.·. à trois reprises différentes. Il était, en outre, membre actif du Souv.·. Chap.·. *l'Étoile* de la Haute-Marn, Vall.·. de Chaumont.

Il faisait partie de la Société la Libre-Pensée, et lui aussi mit en pratique le précepte : « Agis comme tu penses ». Il a voulu que ses obsèques fussent civiles.

JOURNAULT

Léon Journault était né à Paris en 1827. Il faisait partie de cette génération sacrifiée qui commençait sa carrière au moment du crime de décembre. La généreuse révolution de 1848 avait profondément frappé les âmes de ces jeunes hommes; ils restèrent imprégnés des principes républicains, et leur vie fut une lutte constante contre l'empire; ils attaquaient ce régime abhorré par la parole, par la plume, par les actes.

Risquant à toute heure leur liberté et leur vie, ils n'avaient d'autre satisfaction que les coups bien portés, d'autre joie que celle de voir la France secouer peu à peu sa torpeur, grâce à leur activité et à leur audace.

Cependant le plébiscite de 1870 donnant, malgré leurs efforts, une majorité écrasante à Bonaparte aurait pu ébranler des cœurs moins bien trempés. Ils continuèrent la lutte avec plus d'acharnement encore.

A l'heure du désastre, le long et pénible labeur de ces citoyens d'élite trouva sa sanction : au 4 septembre, la République se fit pour ainsi dire toute seule.

En 1856, Journault vint se fixer à Sèvres. Il était avocat et s'occupait de journalisme et de littérature en fin lettré qu'il était.

En 1870, il siégeait au conseil municipal de cette commune, quand le maire et les adjoints donnèrent leur démission après l'effondrement de l'empire. Journault fut porté à la présidence du conseil.

L'investissement par l'armée allemande l'isola de Paris ; ce fut alors un martyre pour le patriote.

Sa conduite courageuse a été signalée le 20 décembre 1871 par le rapporteur de la commission des finances du onseil municipal de Sèvres : « Nous devons nous féliciter,

écrivait-il, d'avoir eu pour chef et pour maire, dans une conjoncture aussi difficile, M. Journault, qui n'a pas songé un instant à abandonner le poste qui lui était confié au moment du danger. Son courage civique n'a pas eu de bornes.

«... Ce fut à son attitude, à la fois ferme et digne, en même temps que courtoise, que la ville dût de ne pas payer de contribution de guerre.

« Prenez nos maisons, disait-il, nous n'avons pas d'argent à vous donner.......

« A travers ces embarras, le maire trouvait moyen d'organiser un service d'incendie recruté parmi les volontaires. Il créait des fourneaux économiques d'alimentation, ou, sur une population de 1200 habitants restés à Sèvres, 1100 furent nourris aux frais de la ville..... », etc. etc.

Je ne puis tout citer, mais cela suffit pour démontrer que le F.·. Journault, le républicain de la veille, était un solide patriote.

Nommé député en 1871 il assista à l'assemblée aux tentatives monarchiques du 24 mai 1873 et du 16 mai 1876.

En novembre 1879, il fut appelé au poste de secrétaire général du gouvernement de l'Algérie. Démissionnaire en 1880, il redevint député de Seine-et-Oise, puis sénateur.

Journault ne se fit franc-maçon que tardivement ; il fut initié à la R.·, L.·. *les Amis Philanthropes*, O.·. de Versailles, le 21 février 1877, et passa maître le 14 juin 1884.

La rapide esquisse de sa vie démontre qu'il possédait toutes les vertus requises pour être un parfait maçon. Voici les paroles que le F.·. Comte, vén.·. de la L.·. de Versailles, prononçait sur sa tombe :

« Il ne venait pas demander l'appui d'une association réputée influente ; il lui apportait au contraire le prestige d'une situation considérable, et l'éclat d'un nom justement honoré.

« S'il voulait se servir de la Franc-Maçonnerie, c'était

pour développer dans l'âme de la démocratie française, avec l'amour du pays, le culte de la liberté et le respect des ancêtres qui ont lutté, qui ont souffert, et qui sont morts pour elle. »

Journault était, en effet, ardemment passionné pour le culte de la révolution. Il l'a bien fait voir en L.·., dans une conférence sur les hommes du Comité de salut public, en flétrissant, à propos du *Thermidor* de Sardou, les insulteurs des hommes de la grande époque.

En 1886, à Rouen, dans le discours d'ouverture des travaux du Congrès de la Ligue de l'enseignement, Journault traçait le programme d'une célébration vraiment républicaine, du centenaire de 1789.

Il est mort en libre-penseur, le 21 juillet 1892. Ses obsèques ont été civiles, et sur son cercueil on voyait à côté de ses insignes de sénateur, son cordon de Maître.

Place aux jeunes, place aux générations nouvelles, place à l'avenir, car tous ceux que nous pleurons aujourd'hui, sauf le F.·. Péchiné, sont déjà des ancêtres. Mais quel exemple se dégage de leur longue vie : le dévouement absolu à la République, la fidélité inébranlable aux doctrines démocratiques et sociales, l'effort constant vers l'évolution progressive de l'humanité, la lutte incessante et inexorable contre les superstitions, et l'application par leur dernière volonté, leur dernier exemple, du principe : Agis comme tu penses.

Paris. — Imprimerie Nouvelle (association ouvrière), 11, rue Cadet. — 1920-92.
A. Mangeot, directeur.

CONTINUUS LABOR VITA
FIAT LUX
IMPRIMERIE NOUVELLE

www.ingramcontent.com/pod-product-compliance
Lightning Source LLC
LaVergne TN
LVHW020453230826
846091LV00008BA/3188

* 9 7 8 2 0 1 1 9 4 1 4 9 7 *